Wolfgang Jaudas
Lichtgedanken für unterwegs
Gott ist
unser Licht

Wir alle sind eingeladen im

Licht

der Schönheit des Glaubens

zu leben und dabei unser wahres

Lebensglück zu finden.

SV

SELBSTVERLAG

Wolfgang Jaudas, Schloßstraße 16, 73765 Neuhausen auf den Fildern
Telefon: 07158 48 75
1. Auflage 2021 ISBN 978-3-86357-303-4

Gestaltung: Wolfgang Jaudas, Studio Lang
Texte: Wolfgang Jaudas bzw. angegebene Verfasser
Printed in EU
in Zusammenarbeit mit Fe-Medien, Kisslegg

Neu werden durch das *Glaubenslicht* mit der Sprache der Bilder

Als gelernter Chemigraph bin ich der Kunst in meiner Freizeit immer treu geblieben. Neben verschiedenen Maltechniken sowie Entwurf- und Gestaltungsformen hat mich das Arbeiten mit dem vielseitigen Werkstoff Wachs besonders inspiriert.
Es fasziniert mich immer wieder vor allem Kerzen zu verschiedenen Anlässen bildhaft zu verschönern. Für mehrere Kirchen darf ich auch die großen Osterkerzen ausgestalten. Bei meinen Wachswerken handelt es sich um imaginäre Bilder, in denen ich meine Gefühle mit meist religiösen Botschaften ausdrücke.
In zeitaufwendiger Kleinarbeit entstehen die mit farbigem Zierwachs und Naturmaterialien bearbeiteten Bilder: Die Wachsplatten werden in Form geschnitten, bei Bedarf vermischt und durch Handwärme modelliert und verarbeitet. Zum Teil werden auch Fotocollagen für die Bildgestaltung mitverwendet.

Der Autor bei der Bildgestaltung

Mit diesem Bildband möchte ich Freude bereiten, zum Nachdenken anregen und dem Leser beim Betrachten die *Lichtvielfalt* in unserem Dasein nahe bringen.

Wolfgang Jaudas
zum 75. Geburtstag

Vorwort

Dieser Bildband mit den ausdrucksstarken *„Lichtbildern“* möchte einladen in das Lob- und Danklied Gottes einzustimmen, das die Menschheit auf dem Erdenrund alle Tage zu Gott unserem Schöpfer aufsteigen lässt.

Gleichzeitig dürfen wir beim Betrachten der *Lichtdurchfluteten Bilder* und Lesen der Texte unseren „Alltag mit seinem Vielerlei und Allerlei“ (Anton Kner) unterbrechen, um so zur Ruhe zu kommen und gleichzeitig beim Nachdenken etwas Entspannung zu finden.

Die Gebetsimpulse möchten uns anregen, mit unserem Dreieinigen Gott ins Gespräch zu kommen.

Geschenk Gottes an uns:

Ihr seid alle
Kinder des Lichtes.

1 Thess 5,5

So sind wir eingeladen,
das *Licht* unseres Glaubens
zum Leuchten zu bringen.

Vom *Licht* **aus der Höhe umgeben dürfen wir dem Leben trauen, weil Gott es mit uns wagt. Jesus Christus,** der vom *Lichtglanz* des Vaters kommt, ist mit uns unterwegs und schenkt uns den Beistand, den Heiligen Geist, mit seiner heilsbringenden Gnade.

So dürfen wir in der *lichtreichen* und heilig – machenden Gnade des dreieinigen Gottes leben.

Unser Schutzengel, der uns beschützen und führen will in das *Licht* der ewigen Freude, ist uns dabei Wegbegleiter aller unserer Erdentage.

Geführt vom
Heiligen Geist
sind wir
lichtumstrahlt
alle unterwegs
mit unserem Schutzengel

Gott sprach:
Es werde
Licht!
Und es ward
Licht.
Und Gott sah,
daß das
Licht
gut war.
Genesis 1,3 - 4

Die Sehnsucht Gottes
ist der Mensch
seit dem Anfang
der Schöpfung
mit dem Licht am Tage
und mit der Dunkelheit
in der Nacht.

Wolkendurchdrungen
vom *Licht*
sind Gedanken,
die am Himmel stehen.

Keine Schrift der Erde
schrieb sie je so schön.

Nach Hermann Claudius

Gott ist das größte
vorstellbare Geschenk
für die ganze Menschheit.
Der Schöpfer schenkt
sich seiner Schöpfung –
in seiner
lichtvollen Gnade.

Das als *Sonne*
nach dem Regen
aus den Wolken
brechende *Licht*
malt uns den Regenbogen
in den wolkenaufbrechenden
Himmel.
Der Regenbogen ist das
farbenfrohe *Lichtzeichen*
für den Bund Gottes
mit uns Menschen.

Wir sind eigeladen

in der

Lichtspur

Gottes

zu leben und seiner

unendlichen

Zuwendung

zu folgen.

Gott sprach:
Meinen Bogen habe ich
gesetzt in die Wolken;
der soll das Zeichen sein
des Bundes zwischen mir
und der Erde.
1.Mose 9,13

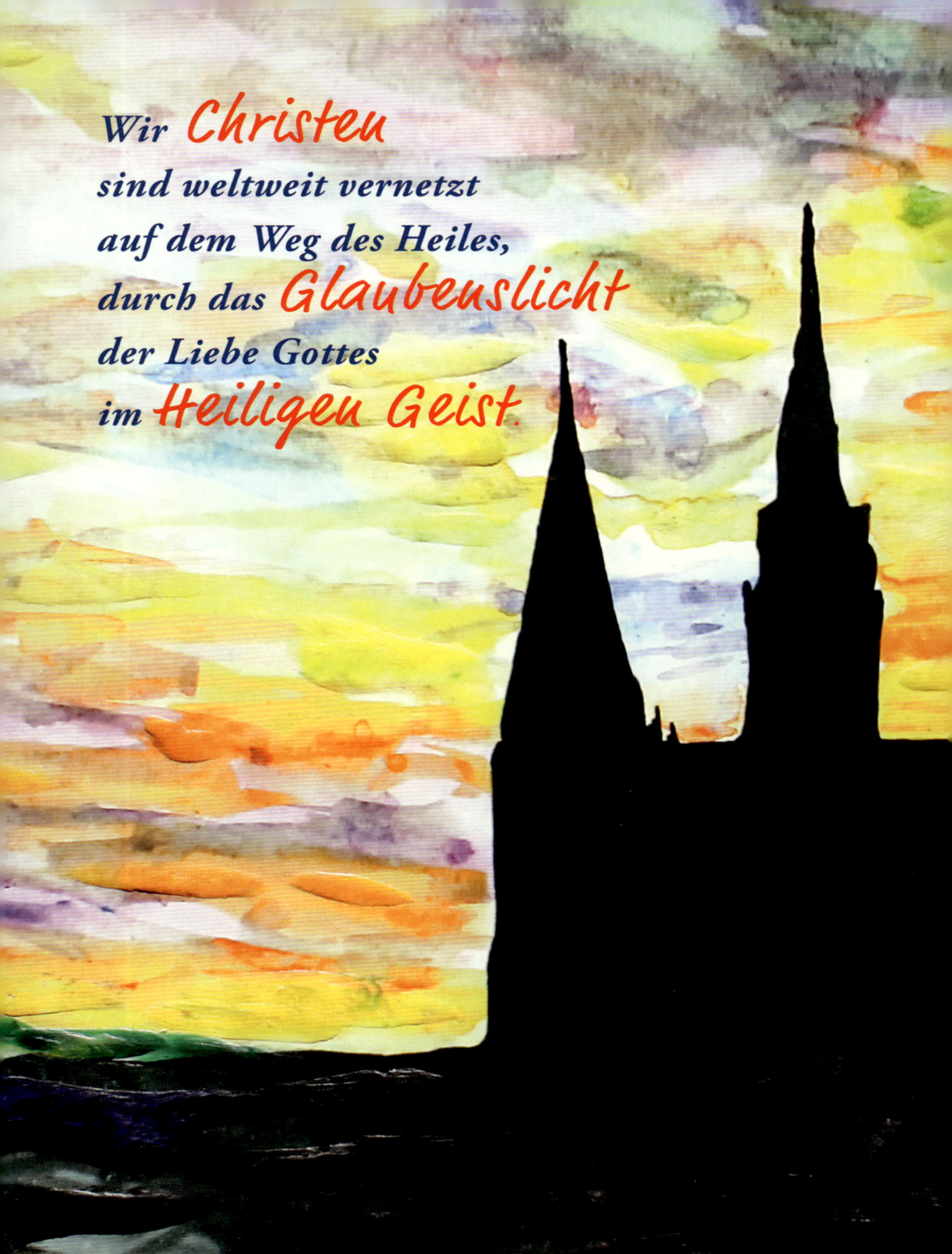

Kathedrale Notre Dame von Chartres

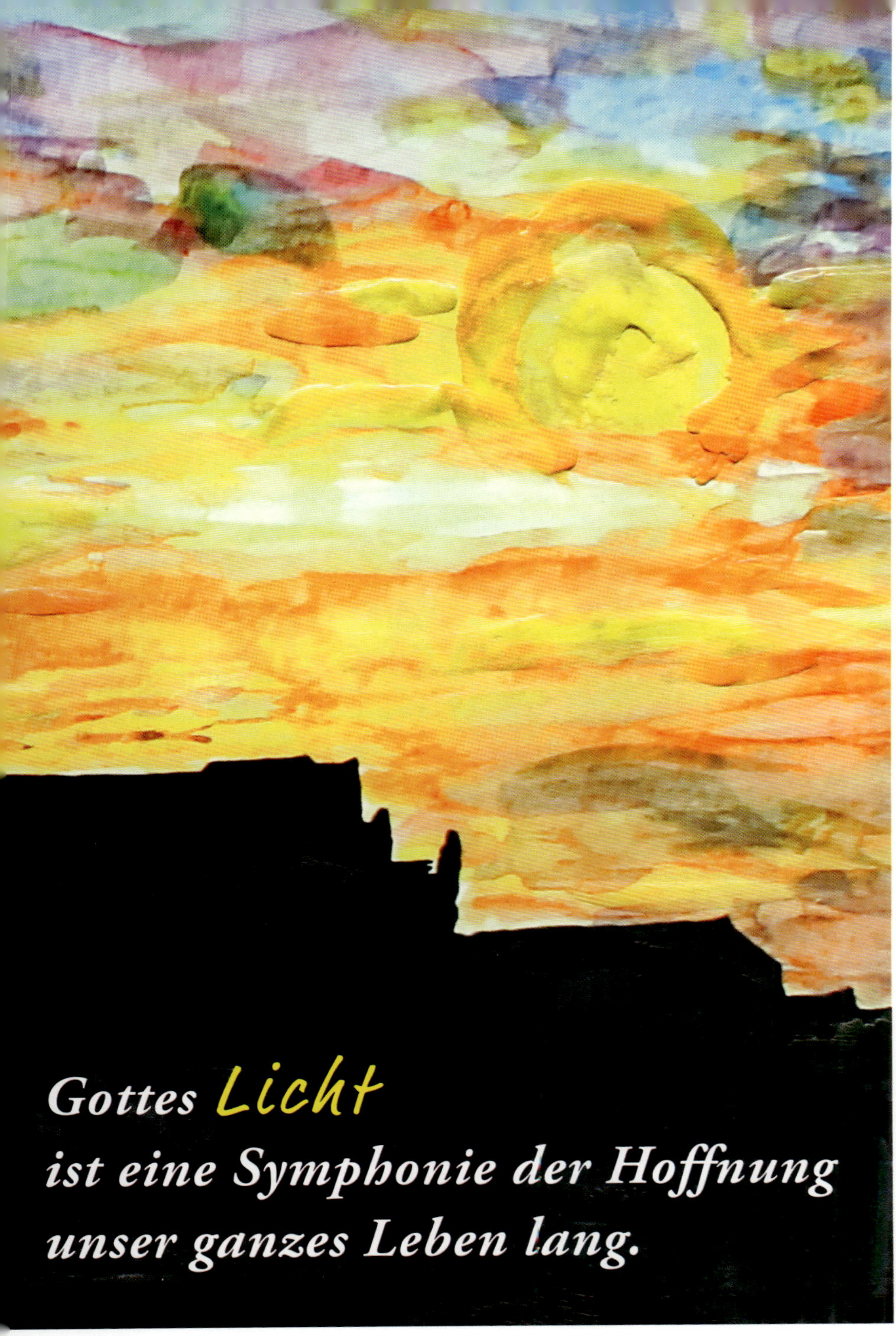
Gottes Licht
ist eine Symphonie der Hoffnung
unser ganzes Leben lang.

Im Morgendämmerlicht
erstrahlt ein Schein von
Licht
und hell wird um uns die
nachtverdrängte Welt.

Vom *Licht*gewebe umstrahlt
dürfen wir mit Andacht eintreten
in das *Licht*präludium des
neuen Tages und der Friede von
Gott
wird sichtbar am Horizont.

Vom Morgen bis zum Abend
mit dem Abendrot
unser ganzes Leben lang
tauchen wir ein in das
Lichtwunder
der Herrlichkeit Gottes.

Wir Menschen brauchen und suchen das

Licht

Schöpfungsgeschenk Gottes
für alles, was da lebt.
Unterwegs auf unserem Lebensweg
erquickt uns schon am frischen,
frühen Morgen das aufgehende
Licht der **Morgenröte**.

Dem Schatten folgt immer das *Licht*.
Unsere *lichtsuchenden* Augen
halten den ganzen Tag Ausschau
nach dem wärmenden *Sonnenlicht*.

Hebt Eure Augen dem
strahlenden Auge Gottes,
der *Sonne* entgegen.

Wir danken

unserem ewigen Vater

für das Bad

im **Sonnenlicht**

seiner Göttlichen Schöpfung,

der in Ex 3,14 sagt:

„Ich bin für Euch da."

Wir sind unser ganzes Leben unterwegs
dem ewigen Morgenrot entgegen.

„Du" sagen

**Wir dürfen Du sagen
zu unserem Schöpfergott.**

Du sagen – Ich, ich mit meinen Zweifeln.
Ich, Ja – Ja ich, dieses Du, das Licht des
Heiles suchend.

Aber Du, von dem das Licht und alles Gute
kommt, Du trägst, Du erträgst mich.

Ich darf Du sagen zu Dir, Du mein Schöpfer,
Du mein Herr und Du mein Gott.

Du verdienst all unseren Dank.
Du bist mein Höchster, Du Gott des Lichtes
und der Barmherzigkeit.

In diesem Du bin Ich, sind wir Alle
angenommen und umfangen vom
Gnadenlicht der Erbarmenden Liebe
des dreieinigen Gottes.

In Dir, Du unserem Himmlischen Vater,
sind wir alle geborgen für immer.

Du bist unser Licht heute und in Ewigkeit.

Du, Du, Du – immerzu Du.

Du mein Du.

Du bist mein,
weil ich dich fasse
und dich nicht,
o mein *Licht*,
aus dem Herzen lasse.

Paul Gerhardt

Begegnungen

gehören zu unserem Leben
wie der Lichtglanz
der Sonne zum Tag
und der Mond zur Nacht.

Es tut gut, dem Licht
nahe zu sein.

Alle Menschen mögen die *Lichtreiche* Heilsliebe unseres Gottes in reichem, überschwänglichem Maße ihr ganzes Leben lang erfahren.

„Es gibt so viele Wege zu Gott, wie es Menschen gibt!“

Papst Benedikt XVI

Wurmlinger Kapelle

Nur wer in Gott von seinem *Licht* umstrahlt beheimatet ist, kann auch anderen Heimat sein.

Nach Hildegard von Bingen

Glaube nur:

Sie brauchen Dich,

die Menschen, die mit Dir gehen.

Sie brauchen Dein Gutsein und Dein Verstehen,

Deinen blanken, geraden Sinn,

der Treue hält in der argen Welt.

Sie brauchen die Reinheit in Deiner Gestalt

und Deines Wortes klare Gewalt

und das, was ihnen am meisten gebricht:

Dein Wissen um das ewige *Licht.*

Unbekannter Verfasser

Der Glaube
findet und spendet
denen, die glauben,
Licht.

Menschen sind dazu da,
im *Lichte*
des Evangeliums zu leben
und um einander zu helfen und
beizustehen.

Erleuchtet
von seinem wunderbaren
Licht hat Gott
für jeden einen Weg.

Wenn wir oft bedürftig und ermüdet durch das Leben gehen, ist es wichtig, den Wunsch zu haben, daß das Licht der Hoffnung nicht erlischt. Nach Papst Franziskus

Licht

Wer *Licht* bringt,
bringt Freude.
Wer Freude kündet,
kündet Hoffnung.
Wer Hoffnung schenkt,
schenkt Liebe.

Adelbert Ludwig Balling

Es ist nicht so bedeutend,
Gott,
der sich immer von Neuem
uns Menschen zuwendet,
im *Lichte* seiner Klarheit
zu begreifen.

Es ist viel wichtiger,
von seinem *Licht*
umleuchtet, ihn voll Liebe,
Hoffnung und in Gnade,
zu verstehen.

Unser Gebet steigt zu
dir empor o Gott so
wie das Licht der Kerze

Keiner unter dem
lichtreichen Himmel
ist für sich allein.
Jede und Jeder
ist ein Teilstück
der von Gott
umstrahlten
Menschenliebe.

Wir sorgen uns oft,
wofür und wie wir
in rechter Weise
beten sollen.

Der Heilige Geist,

unser Beistand,
hilft uns dabei.
Er tritt für uns ein,
zeigt und sagt uns,
wie und was wir beten sollen.

Mont Saint Michel

Unser Denken und Beten soll dabei nicht zu kurz angelegt sein. Vorausschauen ist angesagt. Unsere Ängste und Sorgen sind oftmals unbegründet. Vieles wendet sich in unserem Leben im Lichte der Liebe Gottes zum Guten.

Wir sollten und dürfen im Dahinfließen unserer Lebenstage nicht vergessen, Das Lichtgeschenk Gottes verschwenderisch weiter zu schenken. Indem wir es mit allen Geschöpfen teilen, verantwortlich damit umgehen und mithelfen, die uns gemeinsam anvertraute Schöpfung zu bewahren, kommen wir unserer Verantwortung hier auf Erden ein ganzes Stück näher.

Niemand ist Licht
ohne die unaussprechliche Liebe,
die im Bruder oder in der Schwester
den Herrn erkennt.

Zu Gott Vater,
dem Lichtquell
der endlosen Liebe,
beten wir:

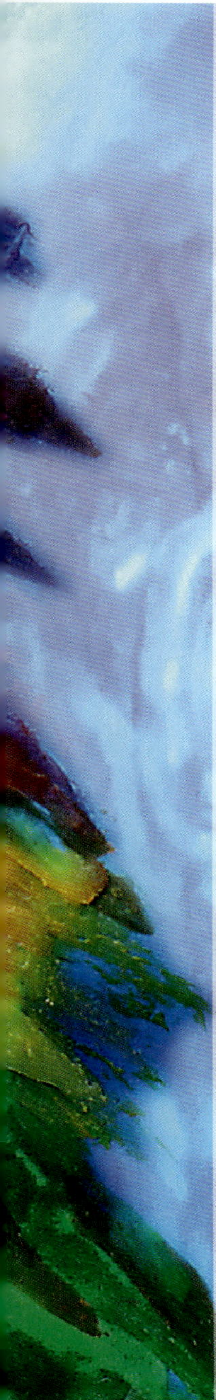

Vater unser im Himmel,
geheiligt werde dein Name.
Dein Reich komme.
Dein Wille geschehe,
wie im Himmel so auf Erden.
Unser tägliches Brot gib uns heute.
Und vergib uns unsere Schuld,
wie auch wir vergeben unsern Schuldigern.
Und führe uns nicht in Versuchung,
sondern erlöse uns von dem Bösen.
Denn Dein ist das Reich und die Kraft
und die Herrlichkeit in Ewigkeit.
Amen.

Das Kreuz ist Brief und Siegel zugleich

Das **Kreuz**
durchstrahlt vom
Lichtglanz
unseres
Glaubens
ist uns zum
Heilszeichen
geworden.

Gottes Lichtzeichen

„Wir sollen nicht
leben wie Menschen,
die keine Hoffnung haben,“
spricht der Herr.

Im erlösenden
Licht
des Ostermorgens
erstrahlt alles neu

Im Land der Mitternachtssonne

Durch die barmherzige Liebe
unseres Gottes
wird uns besuchen
das aufstrahlende Licht
aus der Höhe.

Aus dem Benedictus, dem Morgenlob der Kirche

Der heilige Franziskus im Abendlicht

Ein jeder

Sonnenuntergang

ist so schön,

wie man ihn sieht,

ein jeder Augenblick,

wie man ihn erlebt,

und ein jeder Mensch

ist so wichtig,

wie man ihn im Herzen hat.

Franz von Assisi

Bleibe bei uns,
denn es wird Abend und dunkel.

(Lukas 24,29)

Gottes Licht durchbricht
alle unsere Dunkelheiten.

*Die anbrechende Dämmerung
und die Dunkelheit der Nacht
lädt uns zur Ruhezeit und
zum Stillwerden ein.*

Unterwegs zum
Licht,
das keinen Abend kennt.

Am Ende eines jeden Weges wartet auf uns der Herr

Unser Leben ist ein Weg –
Wege muß man gehen.
Wer stehen bleibt,
versäumt das Leben.
Der Lebensweg kennt Umwege –
Abwege – Irrwege – Auswege.
Wege sind anstrengend
und anspruchsvoll.
Man sieht immer nur bis
zur nächsten Kurve.

Gott allein überblickt
den ganzen Weg.
Er ist das Licht auf jedem Weg.
„Das Licht leuchtet
in der Finsternis“ (Joh. 1,5)

Finsternis ist deswegen nicht Schicksal,
sondern Chance – vor allem dann,
wenn der Weg schmal wird –
winziger Pfad in unbekannte Ferne –

Der Herr ist Weg und Licht zugleich,
„Gnade über Gnade“ (Joh. 1,16)

für alle, die unterwegs sind
und bleiben. Anton Kner

Brüder und Schwestern,
ihr lebt nicht
in Finsternis,
sodass Euch der Tag
nicht wie ein Dieb
überraschen kann.
Ihr alle seid Söhne des Lichts
und Söhne des Tages.
Wir gehören nicht der Nacht
und nicht der Finsternis.

Thess 5, 4-5

Zum Abendgebet der Kirche:

Zeige uns Herr, das Licht deines Erbarmens

Bleibe bei uns, denn es will
Abend werden, und der Tag
hat sich geneigt –
Bleibe bei uns
bei deiner ganzen Kirche, mit deinem
immerwährenden *Lichtglanz* –
Bleibe bei uns
am Abend des Tages,
am Abend des Lebens,
am Abend der Welt –
Bleibe bei uns
mit deiner Gnade und Güte,
mit deinem heiligen Wort und
Sakrament, mit deinem Trost und Segen –
Bleibe bei uns mit deinem *Licht,*
wenn über uns kommt die Nacht
der Trübsal und Angst,
die Nacht des Zweifels und der Anfechtung,
die Nacht des bitteren Todes.
Bleibe bei uns
und bei allen deinen Gläubigen
in Zeit und in Ewigkeit.
Dann dürfen wir für immer im Land
der nie mehr Toten, am Ende ohne Ende
leben in Fülle, im *Lichte* deiner ewigen
Klarheit.

Amen

Nicht so sollen wir

leben,

dass wir das

Licht

nie mehr erblicken.

nach Psalm 49

Nehmen wir uns Zeit für das Wesentliche

Gott sagt uns:

Ich bin dein Licht.

Wer durch den Glanz der
geschaffenen, Lichtreichen Dinge
in der Schöpfungsgeschichte nicht
erleuchtet wird, ist blind;

wer von ihrem lauten Rufen
nicht aufwacht, ist taub;
wer ob all dieser Schöpfungen
Gott nicht lobt, ist stumm.

Nach Bonaventura

Menschen sind wie
Lichtsterne
am Himmel.
Ein Stern vergeht,
erlischt wie ein Leben in der Menge
von Milliarden von Menschen.
Jeder Stern, jeder Mensch ist ein
Lichtstrahl, der von Gott ausgeht.
Wenn wir sterben, stirbt alles und
geht doch weiter im unendlichen
Licht
der ewigen Freude bei Gott.

Das All erstrahlt im
göttlichen
Licht

Zum Schluss

Wenn wir immer und immer wieder
das Licht der Gnade Gottes
in uns aufnehmen,
wird uns auch gelingen,
daß uns die Lichthülle
aus Himmelshöhen umstrahlt.

Wenn wir dazu den Willen des Vaters tun
und unseren ganz persönlichen Weg
der heilig machenden Gnade Lichtumstrahlt
in der Nachfolge Christi gehen,
wird unser Leben gelingen.

Dieser Bildband mit seinen
„Lichtgedanken"
kann uns dabei Wegbegleiter sein.
Unsere lieben Verstorbenen
und alle Engel und Heiligen
sind uns Lichtsterne auf unserem
Lebensweg zur Ewigen Heimat bei Gott.

O Gott

Jetzt sind wir noch unerlöst.
Aber am
Ende ohne Ende
wird im

Licht

deiner Herrlichkeit
alles vollendet.
So hilf uns Herr,
daß wir deiner
Verheißung entsprechend

leben.

Alles wird
gut am Ende
unserer Tage

Ein guter Mensch
ist ein Stern
für jene,
die das Licht nicht finden.
Phil Bosmans